实施《中华人民共和国反外国制裁法》的规定

中国法治出版社

目　录

中华人民共和国国务院令（第 803 号） ············ （1）

实施《中华人民共和国反外国制裁法》的
　规定 ··· （2）

中华人民共和国国务院令

第 803 号

《实施〈中华人民共和国反外国制裁法〉的规定》已经2025年3月21日国务院第55次常务会议通过，现予公布，自公布之日起施行。

总理　李强
2025年3月23日

实施《中华人民共和国反外国制裁法》的规定

第一条 根据《中华人民共和国对外关系法》、《中华人民共和国反外国制裁法》（以下简称反外国制裁法）等法律，制定本规定。

第二条 反外国制裁工作贯彻总体国家安全观，维护国家主权、安全、发展利益，保护我国公民、组织的合法权益。

第三条 外国国家违反国际法和国际关系基本准则，以各种借口或者依据其本国法律对我国进行遏制、打压，对我国公民、组织采取歧视性限制措施，干涉我国内政的，或者外国国家、组织、个人实施、协助、支持危害我国主权、安全、发展利益的行为的，国务院有关部门根据反外国制裁法和本规定，有权决定将有关组织、个人及与其相关的组织、个人列入反制清单、采取反制措施。

第四条 国务院有关部门在实施反外国制裁法和

本规定过程中,有权开展相应调查和对外磋商。

第五条 国务院有关部门作出采取反制措施的决定,应当明确反制措施的适用对象、具体反制措施、施行日期等。

第六条 反外国制裁法第六条第一项中的不予签发签证、不准入境、注销签证或者驱逐出境,由国务院外交、国家移民管理等有关部门,依照职责权限实施。

第七条 反外国制裁法第六条第二项中的查封、扣押、冻结,由国务院公安、财政、自然资源、交通运输、海关、市场监督管理、金融管理、知识产权等有关部门,依照职责权限实施。

反外国制裁法第六条第二项中的其他各类财产,包括现金、票据、银行存款、有价证券、基金份额、股权、知识产权、应收账款等财产和财产权利。

第八条 反外国制裁法第六条第三项中的禁止或者限制我国境内的组织、个人与其进行有关交易、合作等活动,包括但不限于教育、科技、法律服务、环保、经贸、文化、旅游、卫生、体育领域的活动,由国务院教育、科技、司法行政、生态环境、商务、文化和旅游、卫生健康、体育行政等有关部门,依照职责权限实施。

第九条　反外国制裁法第六条第四项中的其他必要措施，包括但不限于禁止或者限制从事与我国有关的进出口活动，禁止或者限制在我国境内投资，禁止向其出口相关物项，禁止或者限制向其提供数据、个人信息，取消或者限制其相关人员在我国境内工作许可、停留或者居留资格，处以罚款。

第十条　国务院外交、商务、发展改革、司法行政等部门按照各自职责和任务分工，负责承担反外国制裁工作协调机制相关工作。国务院有关部门加强对反制措施确定和实施的协同配合和信息共享。

第十一条　国务院有关部门作出采取、暂停、变更或者取消有关反制措施决定的，应当通过其官方网站等途径发布并及时更新。

第十二条　反制措施需要国务院其他部门实施的，作出采取、暂停、变更或者取消反制措施决定的国务院有关部门应当按照相关程序，将反制措施的决定通报负责实施的国务院有关部门。

收到反制措施决定的国务院有关部门，应当依照职责分工实施。

第十三条　国务院有关部门对不依法执行反制措

施的，有权责令改正，禁止或者限制其从事政府采购、招标投标以及有关货物、技术的进出口或者国际服务贸易等活动，禁止或者限制其从境外接收或者向境外提供数据、个人信息，禁止或者限制其出境、在我国境内停留居留等。

第十四条 采取反制措施的决定公布后，被采取反制措施的组织、个人可以向作出采取反制措施决定的国务院有关部门申请暂停、变更或者取消有关反制措施，申请时应当提供其改正行为、采取措施消除行为后果等方面的事实和理由。

第十五条 作出采取反制措施决定的国务院有关部门可以根据实际情况组织评估反制措施的执行情况和效果。

作出采取反制措施决定的国务院有关部门根据评估结果或者根据对被采取反制措施的组织、个人申请事实和理由的审查情况，可以暂停、变更或者取消有关反制措施。

第十六条 采取反制措施的决定公布后，有关组织、个人在特殊情况下确需与被采取反制措施的组织、个人进行被禁止或者限制的相关活动的，应当向作出采取反制措施决定的国务院有关部门提供相应的事实和理由,经同意可以与被采取反制措施的组织、个人进行相关活动。

第十七条 对执行或者协助执行外国国家对我国公民、组织采取的歧视性限制措施的,国务院有关部门有权进行约谈,责令改正,采取相应处理措施。

第十八条 任何组织和个人执行或者协助执行外国国家对我国公民、组织采取的歧视性限制措施,侵害我国公民、组织合法权益的,我国公民、组织有权依法向人民法院提起诉讼,要求停止侵害、赔偿损失。

第十九条 外国国家、组织或者个人通过推动、实施诉讼等手段危害我国主权、安全、发展利益的,国务院有关部门有权决定将参与诉讼和判决执行等活动的上述主体及与其相关的组织、个人列入反制清单,采取限制入境,查封、扣押、冻结在我国境内的财产,禁止或者限制与其进行有关交易、合作等反制措施,并保留采取强制执行财产以及其他更严厉反制措施的权利。

任何组织和个人均不得执行或者协助执行前款外国国家、组织或者个人推动、实施的诉讼所作出的判决。

第二十条 鼓励支持律师事务所、公证机构等专业服务机构为反外国制裁提供法律服务,包括协助相关组织、个人为执行反制措施实施风险控制管理,代理我国公民、组织就相关组织、个人因执行或者协助执行外国国家歧视性限制措施侵害合法权益向人民法院提起诉讼,办理相关公证业务等。

第二十一条 在实施反外国制裁法和本规定过程中,涉及司法协助相关工作的,由国务院司法行政部门会同主管机关依照我国有关法律、缔结或者参加的国际条约办理。

第二十二条 本规定自公布之日起施行。

实施《中华人民共和国反外国制裁法》的规定
SHISHI《ZHONGHUA RENMIN GONGHEGUO FAN WAIGUO ZHICAIFA》DE GUIDING

经销/新华书店
印刷/保定市中画美凯印刷有限公司
开本/850 毫米×1168 毫米　32 开　　　　　　印张/0.375　字数/3 千
版次/2025 年 5 月第 1 版　　　　　　　　　　2025 年 5 月第 1 次印刷

中国法治出版社出版
书号 ISBN 978-7-5216-5198-0　　　　　　　　　定价：4.00 元

北京市西城区西便门西里甲 16 号西便门办公区
邮政编码：100053　　　　　　　　　　　　传真：010-63141600
网址：http://www.zgfzs.com　　　　　　编辑部电话：010-63141673
市场营销部电话：010-63141612　　　　　印务部电话：010-63141606

（如有印装质量问题，请与本社印务部联系。）